Léo Koesten

Bonjour Arthur!

Ernst Klett Verlag
Stuttgart · Leipzig

Table des matières

Liebe Schülerinnen und Schüler,

in diesem Buch findet ihr lustige, spannende und romantische Geschichten mit den Helden aus eurem Lehrwerk. Und natürlich ist Arthur, der Papagei, auch dabei! Er spielt in vielen Geschichten eine wichtige Rolle.
Jede Geschichte bezieht sich auf eine bestimmte *unité* eures Lehrwerks *Découvertes* und verrät euch noch mehr aus dem Leben von Jules, Zoé und ihren Freunden.

Ihr werdet feststellen, dass ihr die Geschichten ganz leicht verstehen könnt, weil ihr alle Wörter schon gelernt habt. Werden einmal unbekannte Wörter verwendet, dann werden sie in einer Fußnote übersetzt.
Eure erste französische Lektüre wird euch also ganz leicht fallen und ihr könnt das Lesen voll und ganz genießen!

Wir wünschen euch viel Spaß mit „Bonjour Arthur!“

Livre audio

Mehr dazu
7j2r6m

Das Hörbuch zur Lektüre kann im Internet kostenlos heruntergeladen werden. Gib den Code in das Suchfeld auf www.klett.de ein.

Avant la lecture

1. La couverture *(Umschlag)*

a) Regardez la couverture et décrivez-la.
Seht euch den Umschlag an und beschreibt ihn.

b) Quels lieux est-ce qu'Arthur et ses copains vont visiter?
Welche Orte werden Arthur und seine Freunde besuchen?

2. Dans le livre

a) Regardez le dessin à la page 5.
Qu'est-ce que vous apprenez sur Stella et Arthur?
Schaut euch die Zeichnung auf Seite 5 an.
Was erfahrt ihr über Stella und Arthur?

b) Lisez les titres de la table des matières (page 2).
Choisissez un titre et racontez une petite histoire à partir de ce titre.
Lest die Titel im Inhaltsverzeichnis auf Seite 2. Sucht euch einen Titel aus und denkt euch eine kleine Geschichte dazu aus.

1 Stella Panor et Arthur sont à Paris.

Sophie: Bonjour maman. Bonjour Arthur.
Stella: Bonjour Sophie. Ça va?
Sophie: Oui, merci, ça va. Bienvenue à Paris!
Arthur: Non. À la Martinique, Martinique, Martinique!
Stella: Stop, Arthur!

Stella, Arthur et Sophie sont dans la voiture.

Stella: Et Zoé, ça va?
Sophie: Oui, oui. Ça va bien.
Stella: Comment va Jules? Et Alice?
Sophie: Ça va, ça va bien!
Stella: Zoé, Alice et Jules sont sympas.
Sophie: Oui. Sympas et cool.
Arthur: Joé et Zules!
Stella: Non, Arthur: Zoé et Jules!
Arthur: Ophie et Salice
Sophie: Non, Arthur, Sophie et Alice!

---

7 **une voiture** *(f.)* ein Auto

Stella aime Paris, la tour Eiffel, les Champs-Élysées ...

Stella: Paris est super!
Sophie: Et la Martinique aussi, maman!
Stella: Oui, oui! Ah! Voilà le parc des Batignolles.
Sophie: Et voilà le 33 rue Legendre!

Zoé, Jules et Alice, Sophie et Olivier habitent 33 rue Legendre, à Paris.

Arthur: 1, 2, 3, 3, le perroquet, c'est moi!
Sophie: 33 rue Legendre, Arthur, 33.
Arthur: 3, 3, 2, 1, Arthur, le perroquet, c'est moi!
Sophie: Tu es super, Arthur.
Arthur: 3, 3, 2, 1, le perroquet sympa, c'est moi! Sophie et Salice! Joé et Zules!
Stella: Stop, Arthur!

Zoé: Oh! Bonjour mamie.
Stella: Bonjour Zules, Salice et Joé ...
Arthur: Non, Stella, Jules, Alice et Zoé!

---

5 **33** *gesprochen:* trente-trois – 6 **Sophie et Olivier habitent** Sophie und Olivier wohnen

2 Où est Merlin?

Lola est chez Zoé et Jules au 33 rue Legendre. Max arrive.

Max: Où est Merlin? Je cherche Merlin! Il est ici?
Lola: Euh... Non!

Les copains cherchent ensemble dans le parc des Batignolles.

Lola: Merlin! Merlin! Tu es où?

Dans le quartier? À la tour Eiffel? ... Place de la République ... Oh! Non! Place de la République, il y a des millions de voitures.

Stella Panor et Arthur, le perroquet, arrivent dans le parc.

Zoé: Ah! Voilà mamie avec Arthur!
Stella: Bonjour les amis.
Max: Bonjour madame. Moi, c'est Max. Je suis le frère de Lola.
Lola: Bonjour madame. Lola ...
Stella: Oh! Toi, Lola, tu as un problème.
Lola: Oui, je cherche, nous cherchons, Merlin. C'est un chat. Il fait souvent des tours dans le quartier ...
Arthur: Lax et Mola! Lax et Mola!
Stella: Stop, Arthur!
Max: Lax et Mola ... Rigolo!
Zoé: Tu cherches avec nous, mamie?
Arthur: Lax et Mola!
Stella: Arthur! Tu cherches Merlin, d'accord?
Arthur: Merlin! Merlin!
Stella: À plus, Arthur.
Lola: Un perroquet cherche un chat? Non. C'est impossible.

---

16 **un problème** ein Problem – 18 **souvent** oft – 21 **rigolo** lustig – 27 **impossible** unmöglich

Les amis cherchent longtemps, longtemps, longtemps. Et puis Arthur arrive.

Lola: Ah! Voilà Arthur!
Stella: Où est Merlin? Tu sais?
Arthur: Merlin! Merlin!

Le perroquet montre le chemin. Les amis sont maintenant dans une rue.

Jules: Mais on arrive à la rue Legendre!
Zoé: Au 33, oui.
Arthur: 3, 3, 2, 2, 1, Arthur le perroquet, c'est moi.
Max: Arthur, tu es super rigolo!

Les amis entrent chez les Leroy. Le perroquet est dans la chambre de Zoé. Il regarde le lit.

Alors Lola regarde sous le lit.

Lola: Voilà mon sac! Et dans le sac, il y a ... Merlin! Merlin! Merci, super Arthur!
Arthur: Luper Sola! Luper Sola!
Lola: Non, Arthur: super Lola!

1 **longtemps** lange – 2 **puis** dann – 6 **montrer** zeigen – 6 **un chemin** ein Weg – 6 **maintenant** jetzt – 13 **un lit** ein Bett – 14 **sous** unter

3 L'escalade

Qu'est-ce que Jules a comme activité au collège? L'escalade. Il aime aussi le théâtre et le foot, mais l'escalade, il adore!

Jules: L'escalade, c'est super.
Zoé: C'est dangereux, non?
Jules: Non ... J'écoute le professeur de sport. Le mur d'escalade est trop cool.
Zoé: Et ton prof, il est comment?
Jules: Sympa. Comme madame Garnier, ta prof de théâtre.

Un mercredi après-midi, après son activité, Jules est encore dans la salle de sport. Il regarde le mur d'escalade. Maintenant, il est sur le mur et monte, monte, monte encore. Et puis ... il tombe. Alors, Jules appelle, appelle. Le professeur de sport arrive et appelle les secours.

5 dangereux gefährlich – **6 un mur d'escalade** eine Kletterwand – **10 après** nach – **12 monter** hochklettern – **13 tomber** fallen – **13 appeler** rufen – **14 les secours** *(m., pl.)* der Rettungsdienst

Tom téléphone à Jules.

Tom: Ça va?
Jules: Oui, ça va. Mes parents et mes sœurs sont là. Et mamie Stella aussi.
Tom: L'escalade ... tu aimes encore ça?
Jules: Oh oui! Tu es où?
Tom: Au collège.
Jules: Qu'est-ce que tu fais?
Tom: Une BD
Jules: Une BD? Super. C'est quoi, le titre de ta BD?
Tom: «Jules tombe d'un mur d'escalade»!!

10 un titre ein Titel

4 Les portables

Aujourd'hui, c'est l'anniversaire de Jules. Il a douze ans. Il est chez ses grands-parents, à Fontainebleau. Il y a aussi ses parents, ses sœurs et sa copine Lola. Une super fête d'anniversaire. Sur le portable de Jules, il y a des messages de Tom et de Stella, sa mamie: «Joyeux anniversaire, Jules!» ... et un message d'Arthur ...

Jules: J'ai un message vocal d'Arthur!
Lola: Super! On écoute?
Arthur: «Noyeux janniv» ...
Lola: «Noyeux janniv» ... pour «Joyeux anniversaire»! Il est génial, le perroquet de ta mamie!

Et puis, c'est la fête chez les Leroy: on mange, on chante, on danse et Jules regarde ses cadeaux.

Jules: Génial! Super! Cool! Merci et merci encore.
Caroline: Qu'est-ce que tu as, Zoé? Tu fais une drôle de tête.
Zoé: Oui, mamie. Je cherche mon portable.
Caroline: Ah! Les portables! Regarde dans ton sac.

---

16 (tu fais) une drôle de tête (du machst) ein merkwürdiges Gesicht

Zoé regarde dans son sac, dans son anorak, puis dans l'anorak de son frère, dans la maison de ses grands-parents, dans leur jardin. Mais où est le portable? Zoé fait toujours une drôle de tête. Pour elle, c'est l'horreur.

Alice: On cherche ensemble?
Zoé: D'accord.
Jules: Non! Stop! J'ai une idée, Zoé!

Jules cherche le numéro de sa sœur dans son portable.

Zoé: C'est la musique de mon portable. Il est où?
Alice: Regarde: sous la chaise de papi.
Zoé: Oh! Oui! Merci, Alice ...
Jules: ... et merci, Jules!
Zoé: Oui, oui!

Zoé embrasse Alice et Jules.

Plus tard, Jules et Zoé parlent ensemble.

Zoé: Alice est sympa ...
Jules: Oui, oui.
Zoé: Elle trouve toujours les portables de la famille!
Jules: Et donc, tu voudrais faire un cadeau à Alice.
Zoé: J'ai une idée: je prépare un gâteau au chocolat pour Alice ET pour toi!
Jules: Super idée!

3 toujours immer noch – **8 un numéro** eine Nummer – **10 sous** unter – **10 une chaise** Stuhl

5 La surprise

Les amis du quartier des Batignolles parlent de la fête de leur collège.

Tom: C'est quand?
Max: Le 1er décembre.
Lola: Est-ce que tu prépares quelque chose pour la fête du collège?
Max: Euh ... Non.
Zoé: Nous, on prépare un show ...
Jules: Un show??
Zoé: Oui, un show. Le jour de la fête, on chante et on danse pour vous, les amis.
Jules: Cool.
Lola: Moi aussi, je voudrais faire quelque chose.
Max: Tu as une idée, Lola?
Lola: Oui.
Max: C'est quoi?
Lola: Une surprise. Enfin, peut-être ...

Lola appelle son papi Armand à Nice.

Lola: Bonjour, papi. Le 1er décembre, c'est la fête du collège. Est-ce que ton restaurant pourrait préparer des spécialités pour notre fête?
Armand: Mais Lola ... Mon restaurant est à Nice, ton collège est à Paris ...
Lola: Ce n'est pas un problème: tu as une camionnette, non?
Armand: Et alors???
Lola: S'il te plaît, papi. J'adore les spécialités de Nice: la fougasse, la socca ... Mmmmh!!
Armand: Bon. Peut-être. Je vois avec mamie ...

19 appeler anrufen – **21 pourrait** könnte – **21 une spécialité** eine Spezialität – **25 une camionnette** ein Lieferwagen – **29 la fougasse** *typ. provenzalisches Brot* – **29 la socca** *Fladen aus Kichererbsenmehl* – **30 voir** *hier:* besprechen

Le 1er décembre.

Les élèves entrent dans leur collège. Et puis ... Et puis, une camionnette arrive: ce sont papi Armand et mamie Josie.

Lola: Papi, mamie, vous êtes là! La surprise!

Armand: Dans la camionnette ...

Josie: ... il y a des sandwiches, des salades et des gâteaux pour la fête de ton collège.

Armand: Et des fougasses, et des soccas!

Lola: C'est super sympa. Merci. Une surprise pour les copines, les copains ... et pour Max!

Josie: Max ne sait pas?

Lola: Non, il ne sait pas.

6 Le cauchemar

Mercredi après-midi, 15 heures. Lola n'est pas au collège, mais devant le centre Georges Pompidou, avec ses musiciens. Elle joue de la guitare, chante et danse.

Les copines et les copains écoutent son concert. Nova ne fait pas de graffitis: elle regarde Lola. Elle adore le rythme de sa musique. Elle danse avec Lola ...

Lola: J'aime tes graffitis.
Nova: Et moi, tes chansons. Tu as du talent.
Lola: Toi aussi.

Dans le ciel, Arthur, le perroquet, danse avec les musiciens. Maintenant, il est sur la casquette de Jules. Il chante avec Lola.

---

1 un cauchemar ein Albtraum – **3 le centre Georges Pompidou** *Kunst- und Kulturzentrum in Paris* – **5 ne fait pas de** macht keine – **9 avoir du talent** Talent haben **11 le ciel** der Himmel

Dans une rue devant le centre Georges Pompidou, une policière parle avec dix autres policiers. Arthur quitte Jules et regarde les policiers. Mais ... Mais ... c'est la maman de Lola. Sa maman est policière ...

Arthur va sur la guitare de Lola.

Lola: Qu'est-ce que tu fais, Arthur?
Arthur: ...sa! ...sa!
Lola: Elsa, c'est ça?
Arthur: ...sa! ...sa!
Lola: Maman est là, c'est ça?
Elsa: Oui, je suis là avec dix autres policiers. Qu'est-ce que tu fais là? Est-ce que vous avez une autorisation pour jouer devant le centre Georges Pompidou? C'est interdit, INTERDIT!!!

Zoé, Jules et Max sont maintenant devant les policiers.

Max: Maman ...
Elsa: Quoi?!!! Toi aussi, tu es là. Vous n'êtes pas au collège?
Jules: Madame ...
Elsa: Quoi encore?
Zoé: Nos professeurs ne sont pas là.

Arthur va maintenant sur la casquette d'Elsa. La policière a peur. Elle crie.

Elsa: C'est quoi. C'est quoi?
Zoé: Le perroquet de ma mamie. Il est cool ...
Jules: ... et sympa, madame.

Elsa Bertucat a toujours peur. Alors Lola appelle Arthur. Il est maintenant sur sa guitare.

---

12 une autorisation eine Erlaubnis – **15 devant** vor – **22 crier** schreien – **26 appeler** rufen

Arthur: ...sa, ... sa ...!
Zoé: Oui, c'est Elsa, la maman de Max et de Lola.
Arthur: Lax et Mola, Lax et Mola ...
Zoé: Stop, Arthur! C'est Max et Lola!

La maman de Lola crie toujours.

Lola crie. C'est la fin de son cauchemar.

Elsa Bertucat entre dans la chambre de sa fille.

Elsa: Qu'est-ce que tu as, Lola? Tu cries.
Lola: Non, je ne crie pas. C'est toi.
Elsa: Moi? Non, je ne crie pas.
Lola: Alors c'est un cauchemar ... Quelle horreur! Il est quelle heure, maman?
Elsa: L'heure d'aller au collège.
Lola: D'accord. À midi, les copains et moi, on a rendez-vous avec le directeur du collège.
Elsa: Pourquoi?
Lola: On voudrait graffiter le mur devant le collège.
Elsa: C'est interdit.
Lola: Pas avec l'autorisation du directeur ...

---

6 la fin das Ende – **15 un directeur** ein Schulleiter

7 Le mur

Lola, Zoé, Jules et Tom sont dans le bureau du directeur.

Tom: On voudrait graffiter le mur devant le collège.
Zoé: Nova est une graffeuse. Elle a envie de travailler avec nous.
Le directeur: Elle a quel âge, votre graffeuse?
Tom: Vingt-cinq, trente ans.
Lola: On adore les graffitis ...
Le directeur: Moi pas!

Non, monsieur le directeur n'aime pas les graffitis. Il déteste les graffitis. Les graffeurs et les graffeuses font des dessins sur les murs, les maisons, dans le métro, et c'est interdit.

Sur son portable, Tom a des photos des dessins de Nova. Le directeur regarde.

Tom: Alors.
Le directeur: Euh ...
Jules: Cool, non?
Zoé: Super, oui!
Le directeur: Des graffitis ...
Lola: Oui, des graffitis.
Le directeur: Votre graffeuse est une artiste.

Les amis regardent le directeur. Est-ce qu'il plaisante?

Le directeur: Vous avez le numéro de portable de Nova?

---

2 un bureau ein Büro – **3 devant** vor – **23 un/une artiste** ein Künstler/eine Künstlerin – **24 plaisanter** scherzen

8 L'acteur et le perroquet

Pour le spectacle du collège, Florian joue le rôle du garçon sans voix. Mais il est malade. Alors, qui va jouer son rôle? C'est Jules. Aujourd'hui, il travaille son rôle avec Zoé.

Jules: J'ai peur, j'ai peur, j'ai le trac ... J'ai tout le temps envie d'aller aux toilettes!
Zoé: Non. Maintenant, tu restes là et on travaille ton rôle. Quand la pièce commence, tu as encore ta voix. Qu'est-ce que tu fais quand tu arrives au collège, donc quand tu montes sur scène?
Jules: Je parle avec les copines et les copains.
Zoé: Oui. J'écoute ta phrase.

Mais tout à coup, Arthur entre dans la chambre du garçon.

Jules: Non, Arthur, c'est: «Bonjour Jules et Zoé».
Zoé: On travaille, là, Arthur.

Zoé appelle sa mamie. Mais «ouf», le perroquet quitte la chambre.

---

5 tout le temps die ganze Zeit

Zoé: On y va, Jules!
Jules: D'accord. «Coucou les filles! Salut les gars!».
Zoé: C'est très bien, Jules. Maintenant, on va travailler ton jeu. Un matin donc, tu arrives au collège. Tu es bizarre. Tu ne parles pas avec tes amis. Tu vas direct en classe. Tu es «Le garçon sans voix». Invente et joue!
Jules: D'accord. J'arrive au collège avec mon problème ...

Arthur entre dans la chambre de Jules. Il est joyeux.

Arthur: Jourbon Zules et Joé, Jourbon Zules et Joé!
Zoé: Encore toi!
Jules: On fait une répétition, Arthur. Tu es super, mais là, tu déranges.

Zoé appelle sa mamie.

Zoé: Mamie! Appelle Arthur, s'il te plaît! Nous, on travaille.

Jules: Zut! Zut! Zut! Stop, Arthur.

Stella entre dans la chambre de Jules.

Stella: Viens, Arthur! Tu prépares ton rôle, Jules?
Jules: Oui. Mais Arthur parle tout le temps!
Zoé: Là, il n'est pas cool ...
Stella: Arthur et moi, on va faire un tour dans le parc des Batignolles.
Arthur: Zut! Zut! Zut!

Mamie Stella et Arthur quittent maintenant la chambre de Jules. La répétition va commencer. Mais avant ... Jules doit aller encore une fois aux toilettes. Oui, mais pourquoi?!

---

8 joyeux/joyeuse fröhlich – **12 déranger** stören – **15 Zut!** *(fam.)* Verdammt! *(ugs.)* – **24 Jules doit** Jules muss – **25 encore une fois** noch einmal

9 Stella, Arthur . . . Marie et Moustique

Stella et Arthur font un tour dans le parc des Batignolles. Ils marchent, cinq, dix minutes. Et puis ... Stella regarde une jeune femme et son chien. La jeune femme regarde Stella et son perroquet ...

Stella: Vous êtes ... Tu es Marie! Ta grand-mère est mon amie. Elle habite à la Martinique.
Marie: Oh! Stella! Quel bonheur!

Stella embrasse la jeune femme.

3 marcher laufen – **4 une jeune femme** eine junge Frau – **4 un chien** ein Hund – **8 Quel bonheur!** Was für ein Glück!

Stella: Tu as quel âge, maintenant?

Marie: Vingt-et-un ans.

Stella: Déjà ... Et qu'est-ce que tu fais?

Marie: Je fais médecine.

Stella: Bravo!

Marie: Et toi, Stella, qu'est-ce que tu fais à Paris?

Stella: Je suis chez mes enfants. Comment s'appelle ton chien, déjà?

Marie: Moustique! Et toi, c'est Arthur!

Arthur: Stiqmou! Stiqmou! Stiqmou!

Stella: Non, Arthur. Moustique. Le chien s'appelle Moustique.

Marie: «Stiqmou»! Toujours aussi comique!

Stella: J'adore mon Arthur.

Marie: Et moi, mon Moustique. On va à la buvette des Batignolles?

Stella: Oh oui!! J'ai envie de parler de nos familles, des amis et de la Martinique.

Marie: ... et de prendre un orangina! Quel bonheur ...

---

4 Je fais médecine. Ich studiere Medizin. – **13 comique** lustig

10 L'interview

Après le spectacle «Le garçon sans voix», Tom fait une interview avec madame Garnier, la professeure de théâtre.

Tom: Jules est une bête de scène, non?
Mme Garnier: Ah oui! Une surprise. Une découverte pour nous, pour le public et pour l'ami Jules. Quand il monte sur scène, Jules n'est pas Jules, il est le personnage de la pièce.
Tom: Qu'est-ce que vous allez faire?
Mme Garnier: Je vais appeler une amie. Elle est actrice, une star du théâtre.
Tom: D'accord, mais pourquoi?
Mme Garnier: Elle aussi, elle va aimer le travail de Jules!
Tom: Et maintenant, qu'est-ce qu'on fait?
Mme Garnier: Je vais féliciter l'équipe pour son travail, et toi aussi, Tom, pour tes interviews. Et puis, dans huit jours, j'invite tout le monde au théâtre. J'ai déjà les billets. Une pièce avec des stars, comme, par exemple, mon amie actrice.
Tom: Merci, madame Garnier. Ah! Jules! Trois, quatre mots pour le club radio?
Jules: D'accord.
Tom: Tes impressions après le spectacle?
Jules: Euh ... Trop cool ... Sur scène, je suis ... un «autre» ... J'adore ça ... Acteur, c'est mon futur métier ...
Tom: Merci Jules, la star du collège!

5 une découverte eine Entdeckung – **6 le public** das Publikum – **7 un personnage** eine Figur – **14 féliciter** gratulieren – **19 un mot** ein Wort – **22 une impression** ein Eindruck – **24 futur / future** zukünftig – **24 un métier** ein Beruf

11 Linda

Max, Lola et Zoé sont à Nice et font un tour dans la vieille ville. Ils adorent ça, et comme souvent à Nice, il fait beau et chaud. Ils ont donc envie d'une glace, mais aujourd'hui, ils n'ont pas d'argent.

Dans une petite rue, près d'une librairie, les copains voient une jeune femme avec une canne. Elle regarde à droite, elle regarde à gauche, mais elle ne sait pas où aller. Elle est aveugle. Les copains vont aider la jeune femme.

La jeune femme a un rendez-vous au lycée Masséna à quinze heures et il est déjà quatorze heures trente. Elle va être en retard. Elle a horreur de ça.

Non, non, pas de problème, le lycée Masséna n'est pas loin. À un quart d'heure de là où ils sont. Les jeunes proposent d'aller avec l'aveugle au lycée Masséna. Linda, la jeune femme, est contente. Les quatre amis discutent. Linda est de Paris, comme Max, Lola et Zoé. Elle demande aux jeunes: Vous avez quel âge? Vous allez dans quel collège, à Paris? Dans quelle classe?

5 l'argent *(m.)* das Geld – **7 une jeune femme** eine junge Frau – **7 une canne** ein Stock – **9 aveugle** blind – **12 en retard** zu spät – **13 loin** weit

Linda a parfois un peu peur. Alors elle prend le bras de Max. Et Max est content: il aide son amie.

Linda: Oh! Nous passons devant un vendeur ou une vendeuse de glaces, c'est ça?
Lola: Oui!
Linda: Vous aimez les glaces?
Max: On adore! Mais ... Euh ... Nous n'avons pas d'argent.
Linda: Cadeau!

Les quatre amis mangent leur glace. Bientôt, ils arrivent au lycée Masséna. Lola demande à Linda: Vous avez quel âge? Qu'est-ce que vous faites à Nice? C'est quoi, votre rendez-vous au lycée Masséna?

Linda: J'ai vingt-trois ans. Je vais habiter à Nice parce que je vais travailler au lycée Masséna. Je suis professeure de mathématiques.

C'est le silence. Pour Max, Lola et Zoé, c'est impossible d'être prof quand on est aveugle. La jeune femme raconte son histoire aux collégiens.

Linda: Je suis professeure de maths. J'ai un ordinateur: il parle et explique des choses. J'ai aussi un blog. Je marche dans la rue, pas toujours très bien, mais je marche. Je fais aussi du sport. Je suis comme tout le monde. Je travaille comme tout le monde. Ah! Oui! J'adore les glaces, comme mes amis, Max, Lola et Zoé. Maintenant, je vais aller à mon rendez-vous. Et merci pour votre aide.

Lola: Merci Linda, pour la glace ... et la leçon de vie.

---

1 un bras ein Arm – **16 impossible** unmöglich – **20 marcher** gehen – **26 une leçon de vie** eine Lektion für's Leben

12 Zoé et la méduse

Aujourd'hui, Max, Lola, Antoine et Zoé vont à la plage. Il fait soleil et la mer est bleue. Les jeunes entrent dans l'eau. Ils nagent loin, jusqu'à une bouée. Une fois, deux fois, trois fois. Après, ils jouent au ballon sur la plage. Maintenant, tout le monde est fatigué, sauf Antoine. Il va sur un rocher et saute dans la mer. Il adore ça. Zoé trouve Antoine sportif, drôle et sympa.

Dix minutes plus tard, Zoé et Antoine nagent ensemble jusqu'à la bouée. Puis ils font la course.

Antoine: Le premier à la plage gagne une glace, d'accord?
Zoé: D'accord.

Un, deux, trois! Les deux amis nagent vite, très vite. Qui va gagner la course, et donc la glace? Antoine est loin devant Zoé. Ils nagent encore et encore.

4 loin weit – **6 sauf** außer – **7 sportif/sportive** sportlich – **10 faire la course** um die Wette schwimmen – **11 gagner** gewinnen

Et puis, tout à coup, Zoé hurle. Antoine nage maintenant vers Zoé. Elle hurle toujours. Sur la plage, Max et Lola ont peur. Les sauveteurs regardent la scène. Qu'est-ce qu'ils vont faire? Mais Antoine est déjà à côté de Zoé.

Antoine: Qu'est-ce que tu as, Zoé?
Zoé: J'ai mal, j'ai mal ... Ça brûle, ça brûle ...
Antoine: Ah! C'est peut-être une méduse.

Antoine aide Zoé. Ils nagent ensemble et arrivent à la plage. Zoé a vraiment très mal. Près d'elle, il y a maintenant Max, Lola et bien sûr, Antoine et les sauveteurs.

– Les méduses sont de retour, explique Antoine aux sauveteurs.

Zoé: Ça brûle, j'ai mal au bras droit.

Les sauveteurs regardent le bras de Zoé. Il est rouge. Oui, c'est une piqûre de méduse. Ça fait mal, mais ce n'est pas grave. Un sauveteur va chercher de la pommade, un autre félicite Antoine pour le sauvetage de sa copine.

– Je vais faire un stage de sauvetage comme Max, explique le garçon au sauveteur.

Le soir. Chez les grands-parents de Max et Lola. Zoé appelle ses parents et sa mamie Stella avec son portable. Elle raconte son histoire, parle d'Antoine ... et encore d'Antoine.

Zoé: Je n'ai plus mal, ça gratte un peu, c'est tout ...
Stella: Ouf!

---

1 hurler schreien – **2 vers qn** zu jdm. hin – **3 un sauveteur/une sauveteuse** ein Rettungsschwimmer/eine Rettungsschwimmerin **6 brûler** brennen – **13 le bras droit** der rechte Arm – **15 une piqûre** ein Stich – **16 grave** schlimm – **16 une pommade** eine Salbe – **17 féliciter** gratulieren – **23 gratter** jucken

Arthur: ...toine, ...toine, ...toine.
Zoé: Non, Arthur, ce n'est pas ...toine, mais Antoine.
Sophie: J'ai envie de faire un cadeau à Antoine.
Zoé: C'est une bonne idée, maman.
Sophie: Antoine, un sauveteur sportif, cool et sympa, c'est ça, Zoé?
Zoé: C'est ça.
Arthur: Zoine et Toé, Zoine et Toé ...
Stella: Non, Arthur, c'est Antoine et Zoé.
Zoé: Et maintenant, stop, Arthur! Je n'ai plus de batterie. À plus.

---

10 Je n'ai plus de batterie. Mein Akku ist leer.

13 Une visite au Louvre

Max, Lola et Clément, leur cousin de quinze ans, visitent le musée du Louvre. Ils commencent par La Joconde, le célèbre tableau de Léonard de Vinci. Il y a beaucoup de touristes devant le tableau. Beaucoup. Puis, quand Clément arrive devant La Joconde, il est fasciné. Il trouve le portrait très beau. Il reste cinq, dix minutes, devant le tableau.

Enfin, il quitte la salle ... et ne trouve pas Max et Lola. Il cherche son portable pour appeler ses cousins. Mais ... il n'est pas dans sa poche, mais sur une table, chez les Bertucat. Comment faire? D'abord, il va dans la salle des antiquités égyptiennes. Pourquoi les antiquités égyptiennes? Parce que Max adore les pharaons. Mais dans la salle, il est seul. Où sont Max et Lola?

---

3 La Joconde Mona Lisa– **4 un tableau** ein Gemälde – **6 fasciné / fascinée** fasziniert – **11 dans sa poche** in seiner Tasche – **13 la salle des antiquités** *(f., pl.)* **égyptiennes** die Abteilung Altes Ägypten – **14 un pharaon** ein Pharao – **15 seul / seule** alleine

Clément regarde les statues. Super. Il oublie l'heure. Et puis, tout à coup, des gens arrivent. Alors, il a une idée:

– Pardon, madame, est-ce que vous avez un portable, s'il vous plaît? Je cherche mes cousins. Je voudrais appeler mes cousins. Ils sont dans le musée ... Je n'ai pas mon portable ...

Pas de réponse. La dame ne comprend peut-être pas le français. Ou alors elle a peut-être peur de Clément. L'ado pense: «Qu'est-ce qu'on fait, aujourd'hui, sans portable?» Tout à coup, il voit une jeune fille. Elle a peut-être quinze ou seize ans? Elle est avec ses parents.

Clément: Mon portable est chez moi et je cherche mes cousins. Est-ce que tu ...

Mais déjà, la jeune fille donne son portable à Clément.

Clément: Allô? Lola, c'est moi, Clément. Vous êtes où?
Lola: Dans la salle des antiquités égyptiennes.
Clément: Ben ... Moi, aussi ...
Lola: Nous, on est au premier étage.
Clément: Et moi, au rez-de-chaussée. Près du sphinx.
Lola: On arrive!
Clément: Merci pour le portable ...
Emilie: Je m'appelle Emilie. Et toi, c'est Clément!
Clément: Comment tu sais?
Emilie: Devine!

Emilie et ses parents quittent la salle.

1 une statue eine Statue – **8 penser** denken – **18 le rez-de-chaussée** das Erdgeschoss

Max et Lola arrivent au rez-de-chaussée de la salle des antiquités égyptiennes et retrouvent leur cousin. Ouf! Les amis visitent encore un peu le musée. Un peu, parce que maintenant, ils sont fatigués.

Devant le musée, Max dit au revoir et rentre à la maison.

Clément: Et nous, qu'est-ce qu'on fait?
Lola: Je propose une promenade sur les quais de Seine et un pique-nique.
Clément: Oui, mais...
Lola: Qu'est-ce que tu as, cousin? Tu es bizarre ...

Tout à coup, Clément voit Emilie. Il prend un stylo et écrit son numéro de portable sur le billet d'entrée au musée du Louvre. Puis, il donne le billet à la jeune fille ...

* **un sourire** ein Lächeln

14 Au revoir Arthur!

La famille Leroy est devant le 33 rue Legendre, à Paris. Olivier, Sophie, Alice, Zoé et Jules disent au revoir à Stella et à Arthur. Ils rentrent à la Martinique. Le taxi va bientôt arriver.

Sophie: Au revoir maman.
Stella: Au revoir ma Sophie. Merci pour tout. Merci à vous, Olivier, Alice, Zoé et Jules. À très vite.
Arthur: Joé et Zules! Ophie et Salice!

Le taxi arrive. Stella monte dans le taxi ... mais Arthur va de l'épaule de Stella à l'épaule de Zoé. Stella n'est pas contente.

Stella: On y va, Arthur. Viens! L'avion va décoller sans toi ...
Arthur: Joé, Zules et Salice.
Sophie: Arthur a envie de rester à Paris avec les enfants.
Stella: Bon. Au revoir Arthur.

Stella ferme la porte du taxi. Il quitte la rue Legendre. Le perroquet crie «Zoé, Jules et Alice», et va sur le toit de la voiture.

3 ils disent sie sagen – **10 monter** einsteigen– **11 une épaule** eine Schulter – **12 un avion** ein Flugzeug – **12 décoller** abheben – **16 fermer** schließen – **17 crier** rufen – **17 un toit** ein Dach

Pendant la lecture

1 Stella et Arthur sont à Paris.

a) Qui dit quoi?
Wer sagt was?

1. Bienvenue à Paris.
→ C'est...

2. Paris est super!
→ C'est...

3. Et la Martinique aussi.
→ C'est...

4. Joé et Zules.
→ C'est...

5. Stop Arthur!
→ C'est...

b) D'où viennent Stella et Arthur?
Woher kommen Stella und Arthur?

c) Qu'est-ce qu'ils font à Paris?
Was machen sie in Paris?

2 Où est Merlin?

a) À quels endroits est-ce que les copains cherchent Merlin?
An welchen Orten suchen die Freunde Merlin?

b) Qui trouve Merlin et où?
Wer findet Merlin und wo?

3 L'escalade

a) Trouvez 8 activités dans la grille.
Sucht im Wortgitter 8 Aktivitäten und ergänzt den Artikel. Achtung: Manche Wörter sind auch rückwärts oder von unten nach oben versteckt.

t	m	u	s	i	q	u	e	s	o	t
a	v	n	z	j	m	u	d	f	c	h
ê	e	d	a	l	a	c	s	e	b	é
f	w	a	b	o	s	n	é	p	l	â
p	i	n	g	-	p	o	n	g	c	t
h	x	s	ô	c	o	i	k	e	h	r
q	g	e	s	y	r	p	d	a	t	e
i	l	g	n	a	t	a	t	i	o	n
c	f	k	s	t	b	è	l	n	o	g
o	h	a	r	i	m	ê	z	i	f	d

b) Qu'est-ce qui se passe au mur d'escalade?
Was passiert an der Kletterwand?

c) Quelle est l'idée de Tom?
Welche Idee hat Tom?

4 Les portables

a) Vrai ou faux?
Richtig oder falsch? Korrigiert die falschen Sätze.

	vrai	faux
1. Jules a douze ans.		
2. A Fontainebleau, il y a Stella et Arthur.		
3. Caroline cherche son portable.		
4. Jules a une idée.		
5. Le portable est dans le sac de papi.		

b) Sur le portable de Jules, il y a des messages. De qui?
Auf Jules Handy sind Nachrichen. Von wem?

c) Comment fonctionne l'idée de Jules?
Wie funktioniert Jules Idee?

5 La surprise

a) Que prépare Zoé pour la fête de son collège?
Was bereitet Zoé für das Schulfest vor?

b) Est-ce que les grands-parents de Lola sont tout de suite d'accord avec l'idée de Lola? Pourquoi (pas)?
Sind Lolas Großeltern gleich einverstanden mit ihrer Idee? Warum (nicht)?

c) La surprise, c'est quoi?
Was ist die Überraschung?

6 Le cauchemar

a) Qui pense quoi, dans le cauchemar de Lola?
Zu wem könnten folgende Gedanken in Lolas Albtraum passen? Warum?

Tout le monde est là pour mon concert.

La musique est super! C'est qui?

J'adore les casquettes et les guitares.

Oh non, Lola et ses copains vont avoir des problèmes.

Quoi? Les enfants ici? C'est un rêve ...

b) Pourquoi est-ce que Lola fait le cauchemar?
Warum hat Lola den Albtraum?

7 Le mur

Résumez l'histoire à l'aide des mots suivants.
Erzählt die Geschichte mithilfe der folgenden Wörter nach.

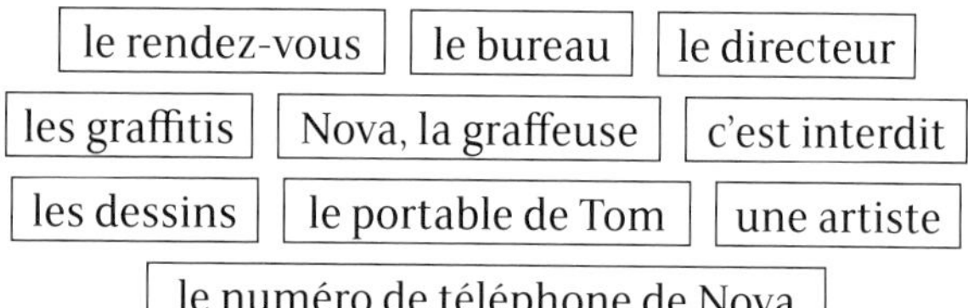

8 L'acteur et le perroquet

a) Cherchez dans le texte tous les mots qui ont un rapport avec le théâtre.
Sucht im Text alle Wörter, die einen Bezug zum Theater haben.

b) Qu'est-ce que vous apprenez sur le contenu de la pièce de théâtre?
Was erfahrt ihr über den Inhalt des Theaterstücks?

9 Stella, Arthur, Marie et Moustique

Vrai ou faux?
Richtig oder falsch? Korrigiert die falschen Sätze.

	Vrai	Faux
1. Marie a 21 ans.		
2. Stella et la mère de Marie sont des copines.		
3. Moustique, c'est un chat.		
4. Marie va au collège Honoré de Balzac.		
5. Stella et Marie vont prendre une boisson.		

10 L'interview

a) Expliquez pourquoi Jules est une bête de scène.
Erklärt, warum Jules ein leidenschaftlicher Schauspieler ist.

b) Inventez des questions que Tom pose à Jules dans un interview. Puis jouez l'interview.
Überlegt euch Fragen, die Tom Jules in einem Interview stellen könnte. Spielt dann das Interview.

11 Linda

Résumez l'histoire à l'aide des mots suivants.
Erzählt mithilfe der folgenden Wörter die Geschichte nach.

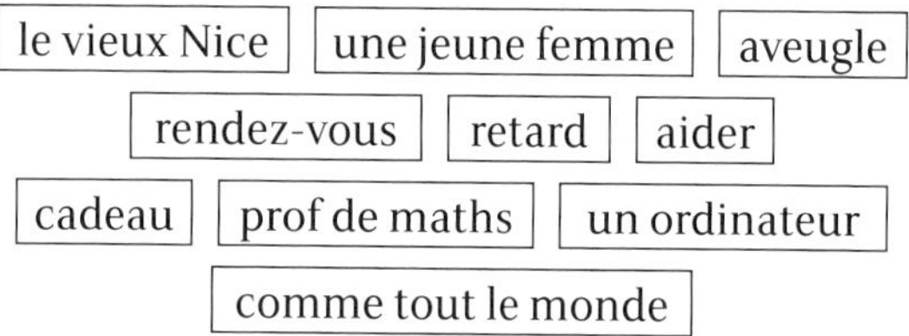

12 Zoé et la méduse

a) Mettez les phrases dans le bon ordre.
Bringt die Sätze in die richtige Reihenfolge.

«Je prends ta main et on nage ensemble.»	
«Tu fais la course avec moi?»	
«Un stage de sauvetage, c'est intéressant pour moi.»	
«Allô mamie.»	
«Aïe!!! Au secours!!!»	
«C'est génial, ici: la plage, le soleil, la mer ...»	
«Dis merci à Antoine pour son aide.»	
«Oui, c'est une piqûre de méduse. Voilà de la pommade.»	

b) À votre avis, est-ce que Zoé n'a vraiment plus de batterie?
Hat Zoé wirklich keinen Akku mehr? Begründet eure Meinung.

13 Une visite au Louvre

a) Trouvez des titres pour les 6 paragraphes suivants.
Findet Überschriften für die 6 folgenden Abschnitte.
p. 29: l. 2-8; l. 9-15
p. 30: l. 1-10; l. 11-24
p. 31: l. 1-10; l. 11-13

b) Imaginez la suite de l'histoire.
Denkt euch die Fortsetzung der Geschichte aus.

Après la lecture

1. Quelle est ton histoire préférée? Pourquoi?
Welche ist deine Lieblingsgeschichte? Warum?

2. Faites des groupes. Choisissez une histoire et présentez-la dans une pièce de théâtre.
Bildet Gruppen. Sucht euch eine Geschichte aus und stellt sie als Theaterstück dar.

3. Imaginez une petite histoire sur Arthur et ses copains.
Denkt euch eine kleine Geschichte über Arthur und seine Freunde aus.